Shitstorm-Prävention

Die Leuphana Case Studies sind ein Projekt, das in Zusammenarbeit mit kleinen und mittelständischen Unternehmen erstellt und entwickelt worden ist. Sie sind ein Lehrbuch, mit dessen Hilfe Unternehmen, die vor ähnlichen Herausforderungen stehen, selbige bewältigen können. Dafür ist keine Hilfe von Dritten notwendig. Auf Grundlage der einzelnen Case Studies werden den Bearbeiterinnen und Bearbeitern elementare Werkzeuge aus der wissenschaftlichen Theorie erklärt. Diese können sie anwenden, um mit den Insiderkenntnissen des eigenen Unternehmens Prozesse zu optimieren, Ziele entwickeln und erreichen oder schwierige Herausforderungen zu bewältigen.

Weitere Bände in dieser Reihe
http://www.springer.com/series/15432
Massonne, Veranstaltungsmanagement - 978-3-662-54003-9
Klöppner et al., Fachkräftemangel im Pflegesektor - 978-3-662-54013-8
Melles, Produkteinführung - 978-3-662-54001-5
Deharde, Produktionsentscheidung - 978-3-662-53997-2
Sikkenga, Shitstorm-Prävention - 978-3-662-54015-2
Göse, Sozialunternehmen - 978-3-662-54007-7
van Hueth et al., Sozialwirtschaft - 978-3-662-54005-3
Giese, Großprojektmanagement - 978-3-662-54011-4
Göse/Reihlen, Gründung einer Unternehmensberatung - 978-3-662-54009-1

Jörg Sikkenga

Shitstorm-Prävention

Jörg Sikkenga
Case Studies
Leuphana Universität Lüneburg
Lüneburg
Deutschland

ISBN 978-3-662-54015-2   ISBN 978-3-662-54016-9 (eBook)
DOI 10.1007/978-3-662-54016-9

Die Deutsche Nationalbibliothek verzeichnet diese Publikation in der Deutschen Nationalbibliografie; detaillierte bibliografische Daten sind im Internet über http://dnb.d-nb.de abrufbar.

Springer Gabler
© Springer-Verlag GmbH Deutschland 2017
Das Werk einschließlich aller seiner Teile ist urheberrechtlich geschützt. Jede Verwertung, die nicht ausdrücklich vom Urheberrechtsgesetz zugelassen ist, bedarf der vorherigen Zustimmung des Verlags. Das gilt insbesondere für Vervielfältigungen, Bearbeitungen, Übersetzungen, Mikroverfilmungen und die Einspeicherung und Verarbeitung in elektronischen Systemen.
Die Wiedergabe von Gebrauchsnamen, Handelsnamen, Warenbezeichnungen usw. in diesem Werk berechtigt auch ohne besondere Kennzeichnung nicht zu der Annahme, dass solche Namen im Sinne der Warenzeichen- und Markenschutz-Gesetzgebung als frei zu betrachten wären und daher von jedermann benutzt werden dürften.
Der Verlag, die Autoren und die Herausgeber gehen davon aus, dass die Angaben und Informationen in diesem Werk zum Zeitpunkt der Veröffentlichung vollständig und korrekt sind. Weder der Verlag, noch die Autoren oder die Herausgeber übernehmen, ausdrücklich oder implizit, Gewähr für den Inhalt des Werkes, etwaige Fehler oder Äußerungen. Der Verlag bleibt im Hinblick auf geografische Zuordnungen und Gebietsbezeichnungen in veröffentlichten Karten und Institutionsadressen neutral.

Gedruckt auf säurefreiem und chlorfrei gebleichtem Papier

Springer Gabler ist Teil von Springer Nature
Die eingetragene Gesellschaft ist Springer-Verlag GmbH Deutschland
Die Anschrift der Gesellschaft ist: Heidelberger Platz 3, 14197 Berlin, Germany

Vorwort des Herausgebers

Im Rahmen des Regionalentwicklungsprojekts Innovations-Inkubator Lüneburg wurden der Leuphana Universität im Zeitraum 2009 bis 2015 Mittel der Europäischen Union und des Landes Niedersachsen zur intensiven Förderung der Wirtschaft durch Transfer von Wissen aus der Forschung in die Unternehmen des aus elf Landkreisen bestehenden ehemaligen Regierungsbezirks Lüneburg bereitgestellt. Eine der insgesamt 47 in dem EU-Großprojekt durchgeführten Maßnahmen war die Erarbeitung der Leuphana Case Studies.

Gemeinsam mit Kooperationspartnern aus dem Konvergenzgebiet wurden zwölf Case Studies zu spezifischen Herausforderungen der Region erarbeitet. Die Themenfelder sind dabei sehr unterschiedlich und reichen von Fragen des Nachhaltigkeitsmanagements, über das Veranstaltungs- und Kulturmanagement im ländlichen Raum, bis hin zu Fragen der Vernetzung von kleinen und mittelständischen Unternehmen.

Dabei wurde das Konzept der wissenschaftlichen Methode Case Study mit den Leuphana Case Studies weiterentwickelt. Diese bestehen nicht nur aus einem mehrseitigen Case-Study-Text, der dann von Studierenden bearbeitet wird. Die Leuphana Case Studies beinhalten ein didaktisches Konzept, mit dem den Bearbeiterinnen und Bearbeitern der Case Studies die Werkzeuge zur Lösung ihrer Herausforderungen vermittelt werden. So können die Case Studies von Unternehmen in vergleichbaren Situationen eingesetzt werden. Mit Hilfe des didaktischen Konzepts der Case Studies kann aus dem Wissensschatz der Mitarbeiterinnen und Mitarbeiter eines Unternehmens eine Lösung für die eigenen Herausforderungen erarbeitet werden.

Die Leuphana Case Studies sind in Zusammenarbeit mit den weiterbildenden Studiengängen der Leuphana Professional School entstanden. So wurden die didaktischen Konzepte bereits in der Praxis erprobt und darauf aufbauend weiter verfeinert. Die vorliegende Case Study spiegelt in weiten Teilen reale

Entwicklungsprozesse wider. An einigen Stellen wurden die Darstellungen didaktisch überarbeitet.

Wir wünschen Ihnen viel Erfolg und Spaß bei der Bearbeitung der vorliegenden Case Study. Wir sind uns sicher, dass Sie Werkzeuge und Fähigkeiten erlernen werden, die Ihnen bei Ihrer täglichen Arbeit und bei der Bewältigung der Herausforderungen dort helfen werden.

Christoph Kleineberg

Vorwort des Autors

Das Unternehmen jpl3, das in der Textilindustrie tätig ist, findet sich mitten in einem Shitstorm wieder. Nach einem Fernsehbericht über die Produktionsbedingungen hagelt es Kritik in den sozialen Netzwerken. Die Case Study beschäftigt sich mit den Strategien, wie das Unternehmen darauf reagieren kann und sollte. Außerdem werden Konzepte erarbeiten, mit denen das Unternehmen in Zukunft Shitstorms vorbeugen kann oder diese bereits in einem frühen Stadium beruhigen kann. Dabei wird zu Beginn das neue Kommunikationsmedium soziale Netzwerke vorgestellt. Darauf aufbauend wird eine Gefahrenanalyse durchgeführt und eine Strategie für die Krisenkommunikation erstellt. Abschließend werden Themen wie Corporate Social Responsibility behandelt.

Dr. Jörg Sikkenga

Inhaltsverzeichnis

1 **Case Study I** 1
  1.1 Vorgeschichte/Rahmenbedingungen 1
  1.2 Beschreibung der Hauptakteure 4
  1.3 Auslösung des Shitstorms 8

2 **Teaching Note** 13
  2.1 Zusammenfassung der Case Studies 13
  2.2 Lehrplan 14
      2.2.1 Thema I: Shitstorm (Definition und Systematisierung) 15
      2.2.2 Thema II: Social Media 16
      2.2.3 Thema III: Social-Media-Strategie..................... 19
      2.2.4 Thema IV: Krisenkommunikation 20
      2.2.5 Thema V: Antwortstrategien bei Krisen/Shitstorm......... 22
      2.2.6 Thema VI: Issue/Issue Management 25
      2.2.7 Thema VII: Issue Management und Krisenkommunikation . 29
      2.2.8 Thema VIII: CSR 30
      2.2.9 Lehrpläne 31

3 **Anhang: Arbeitsblätter** 35

Literaturverzeichnis 39

Weiterführende Literatur.. 41

Abbildungsverzeichnis

Abb. 1.1 Homepage von jpl3, http://jpl3.jimdo.com/ 2
Abb. 1.2 Social-Media-Kanäle bei jpl 3 3
Abb. 1.3 Filmtitel 8
Abb. 1.4 Kinderarbeit in Bangladesch. 9
Abb. 1.5 T-Shirt bei jpl 3. 10
Abb. 2.1 Social-Media-Dreieck. Quelle: nach Schmidt 2011 17
Abb. 2.2 Social-Media-Strategie Rahmenplan.Quelle: Dawson 2009. 19
Abb. 2.3 unterschiedliche Krisenarten.Quelle: Töpfer 2006. 21
Abb. 2.4 SCCT. Quelle: Thießen 2011 23
Abb. 2.5 Issue-Dreieck. 26
Abb. 2.6 Issue-Lebenszyklus. Quelle: Ingenhoff und Röttger 2006. 27
Abb. 2.7 Issue Management Prozess. Quelle: Ingenhoff und Röttger 2006 . . . 28
Abb. 2.8 Kommunikation im Krisenprozess. Quelle: Töpfer 2006 29

Tabellenverzeichnis

Tab. 2.1 Antwortstrategien bei Shitstorms 24
Tab. 2.2 Seminarplan über acht Stunden 31
Tab. 2.3 Seminarplan über mehr als 1000 Minuten 32
Tab. 3.1 Shitstorms bei anderen Unternehmen 36

Case Study I

1.1 Vorgeschichte/Rahmenbedingungen

Hauptakteur der vorliegenden Case Study ist das Bekleidungsunternehmen jpl 3[1]. Das Unternehmen wurde im Jahre 2010 von den drei Geschwistern Julius, Peter und Luisa Dreikam gegründet. Das Logo ihrer Firma (siehe Abb. 1.1) beinhaltet die Initialen sowie eine Anspielung auf den Nachnamen. Das Unternehmen hat sich spezialisiert auf den Online-Verkauf von T-Shirts.

jpl 3 verspricht seinen Kunden auf der einen Seite modische, auf der anderen Seite aber auch nachhaltige Bekleidungsstücke zu verkaufen.

So erläutert Julius Dreikam:

> „Unser Ziel und unser Ansporn ist es, hippe und gleichzeitig nachhaltige Shirts zu produzieren. Um die Kosten der trendigen T-Shirts dennoch so gering und trotzdem fair zu halten, verzichten wir auf die Anmietung teurer Räumlichkeiten und bieten daher unsere Ware nur online an."

Das Unternehmen agiert somit lediglich online und ist stark im Social-Media-Bereich vertreten. So ist jpl 3 auf drei Kanälen zu finden: Homepage, Facebook sowie Twitter.

---

[1] Diese Case Study ist ein fiktionales Werk. Namen und Personen sind frei erfunden. Ereignisse und Problemstellungen sind an andere ähnliche Shitstorms angelehnt und dienen dem Zweck der universitären Lehre. Ähnlichkeiten mit realen Personen oder Schauplätzen sind rein zufällig und nicht beabsichtigt. Die dargestellten Grafiken und Texte sind urheberrechtlich geschützt. Das Textmaterial darf ohne ausdrückliche schriftliche Genehmigung der Leuphana Universität Lüneburg weder kopiert, verkauft, verliehen noch in irgendeiner anderen Form vervielfältigt und verbreitet werden.

© Springer-Verlag GmbH Deutschland 2017
J. Sikkenga, *Shitstorm-Prävention*,
DOI 10.1007/978-3-662-54016-9_1

Abb. 1.1 Homepage von jpl3, http://jpl3.jimdo.com/

Dem Nutzer/Follower stehen alle drei Kommunikationskanäle offen, was auf der Homepage entsprechend ausgewiesen ist, wie Abb. 1.2 zeigt:

jpl 3 ist im Bereich Social Media nicht nur vertreten, sondern nutzt dieses Instrument bewusst, um mit Menschen in den Dialog zu treten. So werden bei Facebook und Twitter nicht nur auf neueingetroffene T-Shirts hingewiesen, sondern auch

1.1 Vorgeschichte/Rahmenbedingungen

Abb. 1.2 Social-Media-Kanäle bei jpl 3

aktuelle Themen angestoßen, um mit den „Freunden" bei Facebook in Kontakt zu bleiben. Des Weiteren werden Gewinnspiele veranstaltet, wo von den Followern gewünscht wird, neue und kreative T-Shirts zu gestalten. Diese Art der Kommunikation kommt gut an, so dass bereits mehr als 25.000 Personen den „Gefällt mir"-Button geklickt haben und bei Twitter immerhin 5.121 Follower dem Unternehmen folgen.

Beim Herstellungsprozess der T-Shirts wird darauf geachtet, dass dieser Prozess fair verläuft. Dieser Corporate-Social-Responsibility(CSR)-Gedanke wird ebenfalls deutlich auf der Homepage:

> „jpl 3 – wir machen T-Shirts, um sich mit Mode rundum wohl zu fühlen. Unser ‚Rundum' reicht einmal um den Globus: von angesagten Trends, die wir aus Modemetropolen wie Mailand, Zagreb oder Amsterdam mitbringen bis nach Lieblingsstadt, wo wir die Reise unserer T-Shirts zu euch organisieren. Und natürlich in unsere Produktionsländer Bangladesch und Taiwan, wo wir bei unseren Partnern für faire Löhne und Arbeitsbedingungen sorgen. Denn nichts trägt sich so gut wie ein sauber hergestelltes T-Shirt.
>
> Doch wer sind eigentlich Wir? Bei uns weißt du ganz genau, wer sich um dein neues Lieblings-T-Shirt kümmert: Wir sind Julius, Peter und Luisa, drei Geschwister aus Lieblingsstadt, die Mode lieben und verschiedenste Fähigkeiten für das Modebusiness mitbringen. Wir sind aber auch Rashda, Sunita und Uma, drei unserer bengalischen Näherinnen, die für eine professionelle Verarbeitung deines neuen Lieblings-Shirts sorgen. Zu unserem Wir gehört auch die Natur: Unsere Produkte gelangen schonend und nachhaltig ohne unnötige Umweltbelastung, aus Asien nach Deutschland. jpl 3 – unsere Shirt-Stories haben ein Happy End."

1.2 Beschreibung der Hauptakteure

Zur Darstellung der Gründer und Geschäftsführer liest man auf der Homepage Folgendes:

1.2 Beschreibung der Hauptakteure

Julius Dreikam:

Julius ist der Älteste der drei Geschwister und hat Economic Studies in Köln und Singapur studiert. Während seiner Studienzeit in Singapur hat er sein Herz an den Kontinent verschenkt und möchte die asiatische Kreativität mit ostfriesischen Handelsmethoden kombinieren. Sein Style ist klassisch, darf aber auch mal eine verrückte Note haben. Dazu kombiniert er gern knallige Shirts seines eigenen Labels mit lässigen Sakkos.

Luisa Dreikam:

Den weiblichen Part im Unternehmen stellt Luisa. Sie hat Modemanagement an der Hochschule für Textilwirtschaft in München studiert und sitzt gern selbst an der Nähmaschine und denkt über neue Looks nach. Sie freut sich über transparente Elemente in ihren Entwürfen – und über Transparenz im Unternehmen.

1.2 Beschreibung der Hauptakteure

Peter Dreikam:

Mit Peter wird das Trio komplettiert: Er ist ein wahres Logistiktalent und hat BWL und Transportwesen in Hamburg studiert. Aber schon früher lag die Organisation der Familienurlaube in seiner Hand. Er kontrolliert, wie das T-Shirt vom Entwurf bis zum neuen Lieblingsteil wird – und steht dabei immer mit den Produktionsländern in Kontakt, damit Stoffe und Produktionsbedingungen sauber bleiben.

1.3 Auslösung des Shitstorms

Der Fernsehsender 3sat zeigt eine Reportage mit dem Titel „Die Preis-Lüge: Wer zahlt für mein T-Shirt"[2] (Abb. 1.3) über die Lebens- und Arbeitsbedingungen von Näherinnen in der Textilindustrie, die ihren Alltag dokumentieren.

Zu den Verhältnissen heißt es im Bericht:

> „In dieser Großfabrik wird im Akkord für westliche Handelsketten genäht. […] Eine Näherin muss bis zu 250 T-Shirts pro Stunde bearbeiten und verdient rund einen Euro pro Tag. Der Preisdruck der Handelsketten ließe nicht mehr zu."

Die Expertin, Dr. Bettina Musiolek, Mitarbeiterin im Entwicklungspolitischen Netzwerk, berichtet:

> „In Asien gibt es eine Allianz von Arbeitsrechtsorganisationen, die Asia Floor Wage Campaign, die haben für die Näherinnen ausgerechnet, wie hoch müsste ein Lohn zum Leben sein. Der Unterschied zwischen dem tatsächlichen Lohn der Näherinnen und einem Lohn zum Leben in Bangladesch ist 1 zu 6."

Abb. 1.3 Filmtitel

---

[2] Hier abrufbar: https://www.youtube.com/watch?v=w6Njw0YDuF8

1.3 Auslösung des Shitstorms 9

Abb. 1.4 Kinderarbeit in Bangladesch

Im Laufe der Reportage stellt sich heraus, dass jpl 3 ebenfalls in der gezeigten Näherei produzieren lässt. Die Abb. 1.4 zeigt Kinder, die T-Shirts einpacken und die Abb. 1.5 zeigt eines dieser T-Shirts auf der Homepage von jpl 3:

Im Bericht heißt es dazu: „Selbst Unternehmen wie jpl 3, die sich eine nachhaltige Produktion auf die Fahne geschrieben haben, lassen hier produzieren."

Zeitgleich sitzen in Lieblingsstadt die drei Firmengründer zusammen und besprechen ihren Kommunikationsetat und den Media-Plan für das folgende Geschäftsjahr. Plötzlich platzt die Assistentin der Geschäftsführung, Meike B., in die Besprechung mit folgenden Worten: „Leute, das müsst ihr euch angucken. Da könnten Probleme auf uns zukommen", schaltet den Fernseher an und gezeigt wird noch der Abspann der Dokumentation. Unklar, worauf die ansonsten immer sehr zurückhaltende Assistentin hinausmöchte, reagiert Julius ein wenig ungehalten: „Meike, was soll der Scheiß? Wir sind hier mitten in einem wichtigen Meeting und du willst mit uns Fernsehen gucken?" Schnell reagiert Meike und ruft die Mediathek von 3sat auf und lässt die wichtigsten Szenen sowie die Erwähnung des Unternehmens jpl 3 noch einmal ablaufen.

JPL3 T-Shirt Shop

Start   Ladies   Jungs   Über Uns   CSR   Kontakt

T-Shirts für Jungs

Unser Klassiker
Dieses schlichte T-Shirt besticht durch seinen Tragekomfort und die außergewöhnliche Farbe, mit der du der Hingucker auf jeder Party bist.

White   30,00 €

30,00 €

Abb. 1.5   T-Shirt bei jpl 3

Folgender Dialog läuft im Anschluss an das Gezeigte:

Luisa: „Danke Meike, dass du so schnell reagiert hast."
Julius: „Ja, danke und ´tschuldige, dass ich gerade so reagiert habe."
Meike: „Bereits vergessen. Ich gehe dann mal."
Julius: „Peter, was ist an diesem Bericht wahr?"
Peter: „Ich weiß es nicht. Ich weiß es wirklich nicht. Ich kann es mir nicht erklären."
Luisa: „F***, F****, F****, das darf doch nicht wahr sein. Wir wollen uns doch gerade von diesen Unternehmen abgrenzen und fair produzieren und ... "
Julius: „Ja, dann so etwas."
Peter: „Ich kann mir das wirklich nicht erklären."
Julius: „Peter, das ist ein Fehler, der einfach nicht passieren darf. Aber darum können wir uns jetzt erst einmal nicht kümmern. Dieser Fehler kann unser gesamtes Geschäft kaputt machen. Wir müssen nun so schnell wie möglich darauf reagieren. Ansonsten schwappt ein Shitstorm über uns, der sich gewaschen hat. Vorschläge?"

1.3 Auslösung des Shitstorms

Derweil in einem anderen Teil der Republik:

Anna P. sitzt vor ihrem Fernseher und schaut sich die Reportage an. Anna P. ist empört über das Geschäftsgebaren von jpl 3. Sie selbst war bis jetzt begeisterte Kundin von jpl 3. Begeistert, weil die T-Shirts wunderbar aussehen, eine sehr gute Qualität haben und man sie mit gutem Gewissen tragen kann, da die Näherinnen gut bezahlt werden. Doch mit dem Fernsehbeitrag ändert sich die Haltung von Anna. Sie ist einfach nur noch sauer auf jpl 3. Mit einer gehörigen Portion Wut im Bauch geht sie an ihren Laptop und postet als Erste auf der Facebook-Seite von jpl 3 den Fernsehbeitrag und folgende Nachricht: „Liebes jpl 3-Team ... nee, das war einmal. Ich habe Euch bislang vertraut. Da sprecht Ihr von fairem Produzieren und dann so etwas. Ich bin stinksauer auf Euch. Ihr seid leider wie alle anderen auch. Hauptsache, der Profit stimmt. Mich habt ihr als Kundin verloren."

Innerhalb weniger Stunden gehen auf der Facebook-Seite hunderte Posts und auf der Twitter-Seite hunderte Tweets ein, die sich über das Geschäftsgebaren des Bekleidungsunternehmens beschweren. Dabei gehen die Aktionen auf Facebook über das Liken von Posts (insbesondere von Anna P.) über Kommentare mit kurzen, aber wertenden Aussagen (z. B. Schweine, big dislike, ihr sollt euch schämen, ...) hin zu Posts, die längere Aussagen tätigen und eine besondere moralische Schuld von jpl 3 herausstellen.

Wie kann jpl 3 reagieren?

Teaching Note 2

Die vorliegenden Case Studies sind als Kombination der beiden Typen Case Study und Case Problem Method konzipiert (vgl. Kaiser 1983). Der Fokus hängt von der genutzten Länge des Falles ab.

Die Case Study I legt den Fokus auf das Erkennen des Problems und Ziel ist es, Lösungsalternativen und die zu treffende Entscheidung zu erarbeiten. Die Case Study II wiederum setzt den Schwerpunkt auf eine kritische Reflexion der in der Case Study vorgestellten Lösungsansätze sowie die Ermittlung alternativer Lösungsansätze.

Die Teaching Note umfasst verschiedene Abschnitte:

In Abschnitt I werden die Case Studies noch einmal kurz dargestellt, wodurch dem Lehrenden die Möglichkeit gegeben wird, den Teilnehmern die Case Study kurz bekannt und Lust auf sie zu machen.

In Abschnitt II werden verschiedene Themenbausteine vorgestellt, die sich je nach Dauer der Veranstaltung zusammenstellen lassen. So ergeben sich drei verschiedene Lehrpläne, die am Ende des Abschnitts vorgestellt werden.

Abschnitt III umfasst die verwendete und weiterführende Literatur.

Um die Case Study noch besser didaktisch nutzen zu können, werden in Abschn. 4 Arbeitsblätter bereitgestellt.

2.1 Zusammenfassung der Case Studies

Die vorliegende Lehr- und Lernfallstudie „Shitstorm" liefert eine komplexe Situation:

Ein junges Unternehmen, jpl 3, welches sich der Nachhaltigkeit verschrieben hat, verkauft lediglich T-Shirts online. Die drei jungen Gründer und Geschwister der Firma haben sich bewusst für die reine Online-Kommunikation entschieden und sind daher auf drei Kanälen zu finden: Homepage, Facebook sowie Twitter.

Das Unternehmen stellt auf allen Kanälen heraus, dass es nachhaltig produziert und sucht den Dialog mit den Kunden.

Im Rahmen eines Fernsehbeitrags über die Arbeits- und Lebensbedingungen von Näherinnen wird ein T-Shirt gezeigt, welches von jpl 3 ebenfalls verkauft wird. Die gezeigten Aufnahmen stehen in einem klaren Widerspruch (z. B. Unterbezahlung der Näherinnen, Kinderarbeit) zu den Vorsätzen der Gründer von jpl 3.

Aufgrund dieses Beitrags erscheinen in kurzer Zeit eine Menge negativer Posts und Tweets auf den jeweiligen Kanälen.

In der erweiterten Fassung der Case Study (Case Study II) erweitert sich der Fall um eine Entschuldigungsstrategie mitsamt der Bildung einer Task-Force, die den Fall genau untersuchen möchte. Darüber hinaus wird ein Video erstellt, was dazu dienen soll, das Vertrauen der Konsumenten zurückzugewinnen. Dieses Video ist jedoch so überzeichnet, dass es von (potenziellen) Kunden als Greenwashing wahrgenommen wird und somit ein erneuter Shitstorm losbricht.

2.2 Lehrplan

Mittels der vorliegenden Case Study sollen folgende Fragen im Laufe der jeweiligen Lehrveranstaltung beantwortet werden:

- Was sind Shitstorms?
- Gibt es verschiedene Arten von Shitstorms?
- Wie begegnet man Shitstorms aus Unternehmenssicht?
- Welche Antwortstrategien existieren im Rahmen einer Krisenkommunikation?
- Was macht Social Media aus?
- Wie sieht eine Social-Media-Strategie aus?
- Wie können Unternehmen präventiv einem Shitstorm begegnen?
- Wie gehen Unternehmen mit dem Themenfeld Corporate Social Responsibility (CSR) um?

Somit werden folgende, grundlegende Themen behandelt:

- Shitstorm (Definition und Systematisierung)
- Social Media
- Social-Media-Strategie
- Krisenkommunikation

- Antwortstrategien bei Krisen/Shitstorm
- Issue Management
- Zusammenspiel zwischen Issue Management und Krisenkommunikation
- CSR

2.2.1 Thema I: Shitstorm (Definition und Systematisierung)

Die Anzahl an wissenschaftlichen Publikationen zur Shitstormthematik ist gering, so dass auch die Anzahl an Definitionen laut jetzigem Kenntnisstand des Autors überschaubar ist.

Den Begriff „Shitstorm" prägte in Deutschland der bekannte Blogger Sascha Lobo. Er (Lobo 2010) definiert das Phänomen wie folgt: „In kurzer Zeit wird online eine Vielzahl an kritischen Aussagen getätigt, die aggressiv, beleidigend oder bedrohend sind".

Der Begriff „Shitstorm" ist ein rein deutscher Ausdruck. Im englischen Sprachgebrauch ist die Rede von einem „Online firestorm" oder einer „social media crisis bzw. paracrisis". So definiert Pfeffer et al. (2014) den Begriff "Online firestorm" als "sudden discharge of large quantities of messages containing negative WOM and complaint behavior against a person, company or group in social media networks".

Eine vage Definition von social media crisis liefert Coombs (2014):

„A social media crisis is a situation that emergence in or is amplified by social media. Unfortunately that is very vague definition that even people who helped to popularize the term now find does not work well at all. Social media crisis essentially are risks that an organization is managing in public view. These risks look like crisis and often demand a communicative response. These situations have been called paracrisis because the situation is like a crisis but is actually a form of risk management."

Himmelreich und Einwiller (2015) verwenden in ihrem Überblicksartikel zu diesem Thema beide oben genannten Definitionen und kommen zu folgendem Schluss:

„Zusammenfassend ist unter einem Shitstorm hier eine Situation zu verstehen, in der sich innerhalb kurzer Zeit in den unterschiedlichsten Anwendungen des Social Webs eine große Menge an kritischen Kommentaren über eine Organisation oder Person verbreitet, wodurch die Reputation des angegriffenen Objekts gefährdet wird."

In dieser Definition werden bereits verschiedene Themen wie Social Media und Reputation angesprochen, denen sich in anderen Kapiteln gewidmet wird.

Coombs (2014) stellt vier verschiedene Arten von Social-Media-Krisen bzw. Parakrisen dar, die sich hinsichtlich des Auslösers des Shitstorms unterscheiden:

- Fehlnutzung von Social-Media-Kanälen: Hierbei handelt es sich um einen Fehler auf Seiten des Unternehmens. Die Fehler können verschiedentlicher Natur sein, wie z. B. die Nutzung eines falschen Fotos oder ein falscher Hashtag.

Bei den anderen Arten des Shitstorms sind die Posts von Usern der Auslöser für einen Shitstorm.

- Unzufriedenheit von Kunden: Bei dieser Art des Shitstorms machen Kunden ihrer Unzufriedenheit Luft und posten dieses in sozialen Netzwerken. Problem für das Unternehmen besteht dann, wenn ebenfalls unzufriedene Kunden sich daran beteiligen.
- Hass von Kunden: Hier posten Personen aus Hass gegenüber dem Unternehmen etwas. Der Hass kann dabei vielfältiger Natur sein (ehemalige Mitarbeiter, enttäuschte Kunden).
- Die vierte und letzte Art von Shitstorms bezeichnet Coombs als Herausforderungen für das Unternehmen, die sich Social Issues stellen müssen. Dem Thema Issues wird sich im Abschnitt VI gewidmet.

2.2.2 Thema II: Social Media

Was deutlich wird, ist, dass das Phänomen Shitstorm im Bereich Social Media verankert ist. Was macht Social Media aber aus?

Eine oftmals zitierte Quelle von Kaplan und Haenlein (2010) definiert Social Media wie folgt: „Social Media is a group of internet-based applications that build on the ideological and technological foundations of Web 2.0, and that allow the creation and exchange of User Generated Content". Der Fokus liegt hier auf dem technischen Hintergrund des Web 2.0, das es jedem ermöglicht, Inhalte zu erschaffen und mit anderen auszutauschen.

Mark Schaeffer (2010) beschreibt das Phänomen Social Media mit den drei Schlagwörtern evolution, revolution und contribution.

Social Media stellt eine neue Kommunikationsart dar, die eine neue **Evolution**sstufe der Kommunikation ist. Sie dient sowohl der Interaktion als auch dem Austausch. Damit stellt es eine Erweiterung anderer Kommunikationsarten für Unternehmen dar wie z. B. Radio oder Fernsehen. Die Interaktionsmöglichkeiten

2.2 Lehrplan

sind hier sehr gering ausgeprägt. Des Weiteren mutet die Social-Media-Kommunikation eine Form der Face-to-Face-Kommunikation an, findet jedoch im semiöffentlichen Raum statt.

Social Media ist durch die technische Grundlage des Internets nahezu weltweit zugänglich und verfügbar. Durch diese **Revolution** besitzt Social Media eine enorme Reichweite im Vergleich zu klassischen Medien. Des Weiteren ist diese digitale Echtzeit-Kommunikation deutlich aktueller und reaktionsschneller als klassische Medien.

Zentraler Bestandteil von Social Media ist, dass normale Menschen die Veröffentlicher sind (**contribution**). Dieses Phänomen, welches als User-generated Content bezeichnet wird, ist zentraler Bestandteil von Social Media und wird bereits in der oben genannten Definition von Kaplan und Haenlein deutlich.

Eine Systematik der unzähligen Social-Media-Anwendungen liefert Schmidt (2011) mit seinem Social-Media-Dreieck, wie Abbildung Abb. 2.1 verdeutlicht:

So unterscheidet Schmidt drei Anwendungen, die jeweils unterschiedliche Fokusse besitzen.

Der erste Fokus umfasst Anwendungen, die darauf abzielen, bestehende Beziehungen zu pflegen, aber auch neue Beziehungen zu knüpfen. Hierbei gibt es noch die Unterscheidung der Beziehungen in privater und beruflicher Natur.

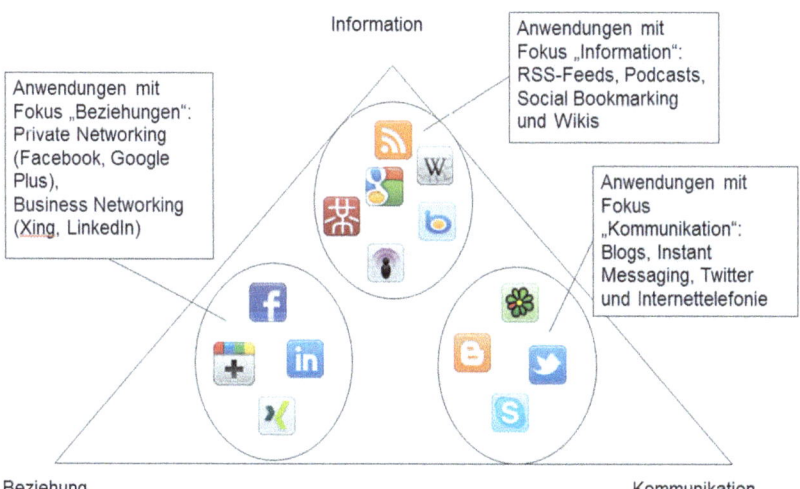

Abb. 2.1 Social-Media-Dreieck. Quelle: nach Schmidt 2011

Der zweite Fokus der Anwendungen umfasst den Aspekt der Information. Das Ziel dieser Anwendungen ist es, sowohl Informationen zu sammeln als auch diese zu teilen.

Der dritte und letzte Schwerpunkt bei den Anwendungen im Bereich Social Media liegt auf dem Fokus der Kommunikation. Diese Anwendungen dienen dazu, zwei oder mehrere Nutzer miteinander in Kontakt treten zu lassen, damit diese sich unterhalten können. Dies kann sowohl in Echtzeit geschehen, mit oder ohne visueller Unterstützung (Möglichkeit der Videotelefonie mittels Skype), oder zeitlich versetzt.

Was bedeutet dies aber nun für den Shitstorm:

Dazu der Medienwissenschaftler Pörksen (2015) in einem Interview mit der dpa:

Pörksen: „Die Debatte der vergangenen Tage zeigt, dass es im Grunde genommen einen verborgenen Kulturkampf gibt zwischen den vernetzten Vielen, die im Netz protestieren, und denjenigen, die sich in den klassischen Medien artikulieren.

dpa: Was meinen Sie mit Kulturkampf?

Pörksen: Nun, wir befinden uns in einem bedeutsamen Moment des Medienwandels – auf dem Weg von der Mediendemokratie der klassischen Leitmedien hin zu Empörungsdemokratie des digitalen Zeitalters. Hier verlieren die traditionellen Machtzentren und publizistischen Monopole an Einfluss. Und auf einmal kann sich jeder zuschalten. Und am Ende des Tages empören sich schließlich alle wechselseitig – eben über die Empörung der jeweils anderen Seite. Genau so ist es passiert.

dpa: Wenn ich Sie richtig verstehe, raten Sie dazu, bei einem Shitstorm die Beleidigungen in Gedanken wegzustreichen und zu ergründen, welches gesellschaftliche Thema dahintersteht?

Pörksen: Ganz genau. Man denke nur an einen Shitstorm, der sich gegen ein Unternehmen richtet: Hier zeigen sich oft brisante, manchmal einfach berechtigte, in jedem Fall ökonomisch hochrelevante Wertkonzepte von Konsumenten und Kunden. Man will kein Greenwashing, man möchte keine Heuchelei, man ist gegen ungerechte Arbeitsbedingungen. Das alles mag dann scharf und übermäßig aggressiv formuliert sein. Und doch: Wir brauchen für den gesellschaftlichen Dialog die Figur des Shitstorm-Interpreten, der die Frage stellt: Was steckt dahinter? Welchen aufklärerischen Sinn hat die scheinbar sinnlose Empörung?

Pörksen macht also darauf aufmerksam, dass die Kommunikation sich gewandelt hat. Nicht mehr die klassischen Medien bestimmen die Agenda, sondern es sind zunehmend die Konsumenten und normalen User. Himmelreich und Einwiller (2015) beschäftigen sich mit der Thematik der Diffusion der online geäußerten

2.2 Lehrplan

Kritik nicht-professioneller Internetnutzer in die traditionelle Medienberichterstattung ausführlicher.

2.2.3 Thema III: Social-Media-Strategie

Bevor sich dem Thema „Shitstorm" weiter genähert wird, soll sich dem Thema Social-Media-Kommunikation für Unternehmen genähert werden. Es ist unerlässlich, eine Social-Media-Strategie für den Auftritt des Unternehmens in sozialen Medien zu entwickeln.

Eine Social-Media-Strategie (Abb. 2.2) umfasst nach Dawson (2009) sowohl eine Innen- wie auch eine Außenperspektive.

Bevor eine Strategie verfasst wird, sollte man als Unternehmen sich erst einmal die Frage stellen, ob die Nutzung von Social Media für das Unternehmen einen Mehrwert bietet und sich daher wirtschaftlich lohnt. Oftmals wird Social Media genutzt, weil es alle machen. Falls diese Frage mit ja beantwortet wird, steht eine

Abb. 2.2 Social-Media-Strategie Rahmenplan.Quelle: Dawson 2009

Beobachtung der Nutzung der sozialen Medien allgemein und von seinen unmittelbaren Konkurrenten an, ebenso wie die Vertrautmachung mit Monitoring Tools. In der Innenperspektive müssen Ziele festgelegt werden, die mit Hilfe der Nutzung von Social Media erreicht werden sollen. Dieses müssen schriftlich fixiert werden. Anschließend müssen die Mitarbeiter aufgeklärt werden, welche Chancen und Risiken sich bei der Nutzung von Social Media ergeben können. Dies betrifft nicht nur den Social-Media-Kanal des Unternehmens, sondern auch die private Nutzung, falls Rückschlüsse auf das Unternehmen gezogen werden können. Daher sollte man hier frühzeitig die Mitarbeiter schulen und sogenannte Social Media Guidelines entwickeln. Des Weiteren sollte man Strategien erarbeiten, wie man auf bestimmte Dinge reagiert und entsprechende Maßnahmen treffen. Nachdem die Ziele bestimmt wurden, kann daraus eine Strategie abgeleitet werden, die entsprechende Aktivitäten und Verantwortliche vorsieht. Die Außenperspektive spiegelt das Engagement gemäß der Strategie des Unternehmens wider. Um das Kommunikationsinstrument optimal zu nutzen, sollte das Unternehmen auch in einen wirklichen Dialog mit den Nutzern treten. Dies bedeutet, dass Social Media nicht als reines Marketing-Instrument mit dem Posten neuer Produkte und Dienstleistungen benutzt wird, sondern als ein Medium, welches in den Dialog tritt mit den Nutzern, um diese kennenzulernen.

Weitere Themenfelder in diesem Bereich können sein:

- Erfolgsgeschichten von Facebook
- Social Media Guidelines
- Erfolgreiche Posts bei Facebook

2.2.4 Thema IV: Krisenkommunikation

Ein Shitstorm stellt eine besondere Form der Krisenkommunikation dar.
Töpfer (2006) definiert Krise wie folgt:

> „Eine Krise lässt sich generell als ein eingetretenes Risiko definieren, das vorher bereits erkannt und bewertet oder auch überhaupt nicht wahrgenommen wurde und damit völlig überraschend eintrat".

Damit spricht Töpfer bei einer Krise von einem Risikofall, dessen Eintrittsfall mit einer Wahrscheinlichkeit kalkuliert werden kann.

Charakteristika einer Krise sind laut Töpfer (2006) folgende Elemente: Es handelt sich um eine öffentliche Angelegenheit, die eine vorübergehende Existenzgefährdung des Unternehmens bedeutet. Darüber hinaus ist der Ausgang einer

Krise uneindeutig. Damit einher geht die Gefährdung von Unternehmenszielen. Eine Krise weist einen Prozesscharakter auf und die Steuerung einer Krise ist ungewiss und aufgrund ihrer Dynamik birgt sie eine gewisse Unkontrollierbarkeit.

Es lassen sich verschiedene Risikoarten identifizieren, z. B. die Ertrags- und die plötzliche Unternehmenskrise, wie Abb. 2.3 zeigt:

Bei einer Ertragskrise handelt es sich um eine schleichende Krise, die sich langsam entwickelt und ein öffentliches Interesse besteht am Anfang dieser Art von Krise kaum. Bei der Ertragskrise handelt es sich um eine strategische Krise, wo das Unternehmen eine falsche Strategie verfolgt, die erst langsam wahrgenommen wird. Die strategische Krise führt zu einer Erfolgskrise und damit im Laufe der Zeit auch zu einer Liquiditätskrise. Ein Beispiel für eine Ertragskrise wäre eine Bank, die eine Strategie verfolgt, die sich jedoch als falsch herausstellt. Dies führt zu einer Gewinnwarnung und einer Ankündigung der Streichung von Jobs. Dadurch entwickeln sich ein öffentliches Interesse und eine Vielzahl an Demonstrationen gegen diese Streichung. Je nach Qualität des Krisenmanagements steigt bzw. sinkt das öffentliche Interesse und damit auch die Anzahl an Medienberichterstattungen.

Bei einer plötzlichen Unternehmenskrise hingegen sieht sich das Unternehmen ohne Vorwarnungen dieser Krise gegenüber. Dabei ist das öffentliche Interesse

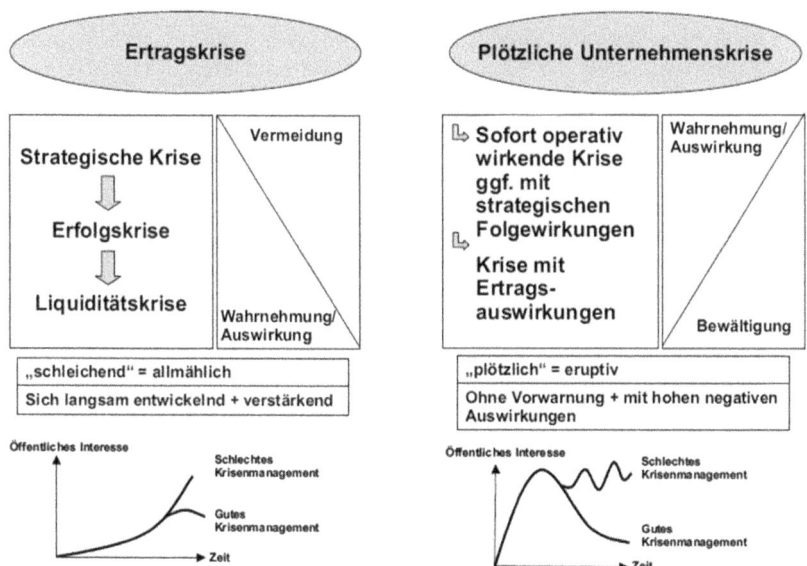

Abb. 2.3 unterschiedliche Krisenarten. Quelle: Töpfer 2006

groß und es kommt auf das Krisenmanagement an, ob das öffentliche Interesse zu- oder abnimmt.

Ein Shitstorm lässt sich je nach Ursache beiden Krisenarten zuordnen. Auf den ersten Blick erscheint ein Shitstorm als eine plötzliche Unternehmenskrise. Allerdings erweist sich die Shitstorm-Art Herausforderung als ein Zusammenspiel der beiden oben dargestellten Krisenarten. Auf der einen Seite ist es beim Ausbruch eine plötzliche Unternehmenskrise. Da es sich hierbei jedoch bei den Auslösern um „Social Issues" handelt, die, wie im folgenden Abschnitt dargestellt wird, von den Unternehmen bearbeitet und gesteuert werden können, lässt sich diese Art des Shitstorms auch der Ertragskrise zuordnen aufgrund einer unzureichenden Strategie bzw. fehlenden Prävention bei der Identifizierung des Issues und einer entsprechenden Ausarbeitung einer Strategie.

2.2.5 Thema V: Antwortstrategien bei Krisen/Shitstorm

Bei Krisen jeglicher Art steht für das Unternehmen vor allem die eigene Reputation auf dem Spiel. So muss daher Ziel jeglicher Kommunikation sein, die positive Reputation aufrechtzuerhalten.

Reputation kann als Summe der bewerteten Wahrnehmung einer Organisation durch eigene oder die Erfahrung Dritter definiert werden (vgl. Thießen 2011, Argenti und Druckenmiller 2004).

Mit dem Themenfeld der Reputation und der Aufrechthaltung im Rahmen von Krisen hat sich insbesondere Coombs im Rahmen seiner Situational Crisis Communication Theory (SCCT) beschäftigt.

Die SCCT wurde von Coombs und Holladay 1996 entwickelt und durch Ergebnisse empirischer Forschungen weiterentwickelt (Coombs 2004, 2006, 2007, 2007, 2010). Sie geht von zwei Annahmen aus (vgl. auch Thießen 2011): Krisen werden von Stakeholdern unterschiedlich wahrgenommen. Diese Wahrnehmung hängt von der zugeschriebenen Krisenschuld ab. Entsprechend wirkt sich dies auf die Reputation vom Unternehmen aus.

Bei der SCCT, siehe Abb. 2.4, handelt es sich um ein Prozessmodell mit zwei Schritten. Im ersten Schritt ist die Krisenverantwortlichkeit des Unternehmens zu bestimmen. Je stärker die Stakeholder die Verantwortlichkeit dem Unternehmen zuschreiben, desto größer der mögliche negative Effekt auf die Reputation des Unternehmens. Die Zuschreibung ist jedoch von weiteren Faktoren abhängig, die bestimmt werden müssen. So hängt die Zuschreibung der Stakeholder davon ab, ob das Unternehmen bereits vorher in Krisen verwickelt war. Hier findet die Attribution nach dem Motto „wer einmal lügt, dem glaubt man nicht" statt. Ebenso einen

2.2 Lehrplan 23

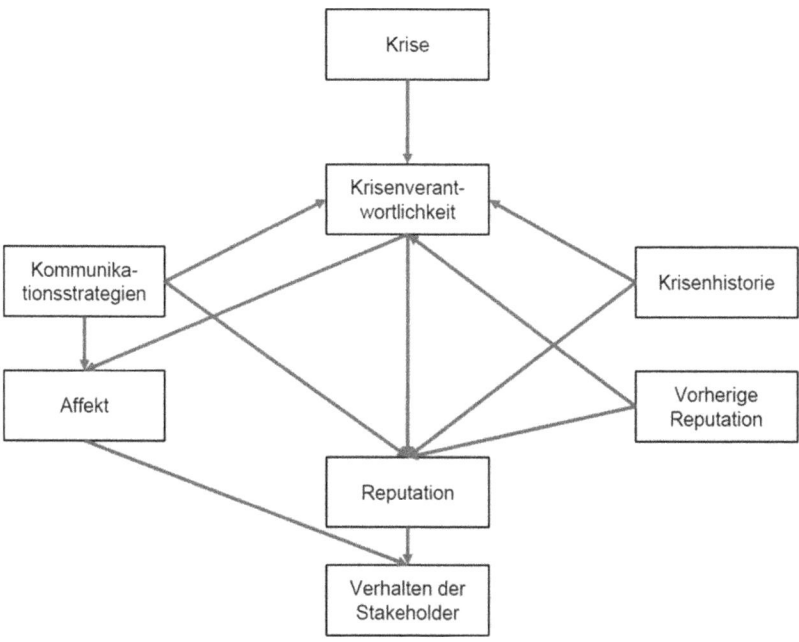

Abb. 2.4 SCCT. Quelle: Thießen 2011

Einfluss hat die Reputation des Unternehmens vor der Krise. Die Verantwortlichkeitszuschreibung für die Krise ist höher, desto geringer die Reputation ist. Auch auf der Verhaltensebene macht sich die Zuschreibung bemerkbar. So führt eine Verantwortlichkeitszuschreibung zu einem negativen Weiterempfehlungsverhalten und einem reduzierten Kaufverhalten, ausgelöst durch Zorn und Ärger.

Durch ein strategisches Kommunikationsverhalten ist es nun möglich, sowohl das Verhalten der Stakeholder als auch die Zuschreibung von Reputation zu beeinflussen.

Als generelle Antwortstrategien bei Krisen schlägt Coombs (2007) im Rahmen seiner Situational Crisis Communication Theory Folgende vor:

- Leugnende Antwortstrategien
  - Ankläger angreifen
  - Leugnen
  - Sündenbock suchen

- Abschwächende Antwortstrategien
  - Rausreden
  - Verharmlosen
- Wiederherstellende Antwortstrategien
  - Entschädigen
  - Entschuldigen
- Unterstützende Antwortstrategien
  - Erinnern an das Gute
  - Einschmeicheln
  - Opferrolle

Für den Krisenfall „Shitstorm" schlägt Coombs (2014) die in Tab. 2.1 aufgelisteten Strategien vor:

Bei einer Fehlnutzung von Seiten des Unternehmens reicht eine Entschuldigung meistens aus. Ist der Kunde unzufrieden und macht diese publik, sollte das Unternehmen das Problem, welches zur Unzufriedenheit geführt hat, lösen. Dazu gehören das Entschuldigen und das Entschädigen des Kunden, indem dieser z. B. ein neues Produkt erhält. Des Weiteren sollte man den Kunden an die bislang gute Zusammenarbeit erinnern und sich wünschen, dass diese Zusammenarbeit nach wie vor Bestand hat.

Tab. 2.1 Antwortstrategien bei Shitstorms

	Fehlnutzung	Kundenunzufriedenheit	Hass	Herausforderung
Ankläger angreifen				
Leugnen				
Sündenbock suchen				
Rausreden				
Verharmlosen				
Entschädigen		X		
Entschuldigen	X	X		
Erinnern an das Gute		X		
Einschmeicheln				
Opferrolle				

Matrix Antwortstrategien bei Shitstorms

Bei einem Shitstorm, welcher durch Hass hervorgerufen wird, schlägt Coombs vor, ihn auszusitzen. Bei der Shitstorm-Art Herausforderung gibt es keine festgelegte Strategie, da dieses im Einzelfall zu entscheiden ist.

Im Rahmen der Case Study II wird deutlich, dass beim ersten Shitstorm von Seiten jpl 3 versucht wird, die Verantwortlichkeit für die Krise jemand anderem zuzuschreiben. Daneben finden auch Antwortstrategien, wie wiederherstellende und unterstützende Antwortstrategien Anwendung.

Beim zweiten Shitstorm, der aufgrund von jpl 3 produzierten Videos ausgelöst wird, liegt die Verantwortung für die Krise bei jpl 3. Verschiedene Antwortstrategien sind hier denkbar und sollen im Rahmen der Bearbeitung aufgezeigt werden.

2.2.6 Thema VI: Issue/Issue Management

Um einer Krise präventiv entgegenzuwirken, bietet sich ein Issue Management an. Zunächst soll aber das Thema „Issue" behandelt werden, um dann das Issue Management näher zu beschreiben.

Ingenhoff und Röttger (2006) definieren Issues wie folgt:

> „Als Issues werden Themen verstanden, die die Organisation tatsächlich oder potenziell betreffen (Relevanz), mit unterschiedlichen Ansprüchen auf Seiten der Stakeholder und der Organisation belegt sind (Erwartungslücke) und unterschiedlich interpretiert werden können, Konfliktpotenzial aufweisen (Konflikt) und von öffentlichem Interesse (Öffentlichkeit) sind."

Das Aufkommen und die Entwicklung von Issues werden vor allem durch drei Handlungs- und Einstellungssysteme (siehe Abb. 2.5) beeinflusst, die aufgrund unterschiedlicher Interessenslagen in Konflikt geraten.

So ist es zunächst das Unternehmen selbst. Dieses hat neben dem Oberziel der Gewinnmaximierung Unterziele formuliert, die diesem Oberziel förderlich sind oder dieses einschränken. (Bsp: die Meyer-Werft produziert Kreuzfahrschiffe und diese müssen auf der Ems Richtung Nordsee gefahren werden. Diese Kreuzfahrtschiffe werden aber immer größer, so dass Schwierigkeiten in absehbarer Zeit auf das Unternehmen zukommen, wenn die Ems nicht den Anforderungen der Schiffe entspricht). Des Weiteren existiert die Meinung der Anspruchsgruppen. Die haben bestimmte Erwartungen an das Unternehmen. (So erwarten die Mitarbeiter, dass das Unternehmen ihren Standort nicht wechselt und weiterhin in Papenburg ihre Schiffe baut. Die Anwohner der Ems wollen nicht, dass die Ems vertieft wird, da so erheblich in das Ökosystem eingegriffen werden und dieses zu Problemen führen würde). Diese jeweiligen Vorstellungen treffen nun auf die öffentliche Meinung,

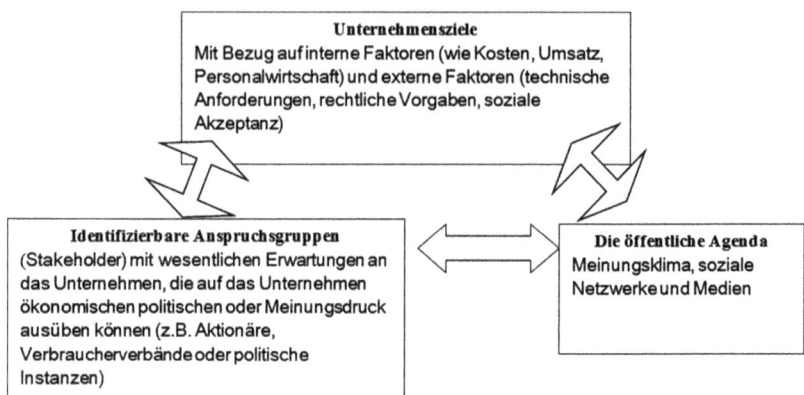

Abb. 2.5 Issue-Dreieck

auf die öffentliche Agenda. Aus diesen drei Vorstellungen entwickelt sich dann, je nach den unterschiedlichen Kräfteverhältnissen, das wirkliche Vorgehen. (Die öffentliche Meinung, die Politiker und die Medien vertraten ebenfalls die Ansicht, dass eine Emsvertiefung nicht in Betracht gezogen werden könnte. Man entschied sich daher für den Bau eines Sperrwerks, wobei ausdrücklich betont wurde, dass die Meyer-Werft bei den Planungen keine Bedeutung hatte.)

Ein Issue durchläuft verschiedene Phasen, dem sogenannten Issue-Lebenszyklus. Die einzelnen Phasen des Issue-Lebenszyklus sind gekennzeichnet durch ein zunehmendes Interesse der Betroffenen und eine zunehmende Formalisierung. Die Einflussmöglichkeiten des Unternehmens sinken jedoch dementsprechend.

Der Issue-Lebenszyklus (Abb. 2.6) folgt einer immanenten Interaktions- und Entwicklungslogik, die jedes systematische Issue-Prozess-Management zwangsläufig selbst bestimmt.

Latenzphase: In der Latenzphase ist der Druck der Öffentlichkeit kaum gegeben, da das Problem noch undefiniert ist und unbemerkt von Seiten der Öffentlichkeit vorhanden ist. Um bereits in dieser frühen Phase Issues durch das Unternehmen zu identifizieren, stehen folgende, beispielhafte Techniken zur Verfügung:

- Trend-Extrapolation
- Scanning und Monitoring
- Diffusionstheorie
- Delphi-Methode
- Szenario-Technik

2.2 Lehrplan

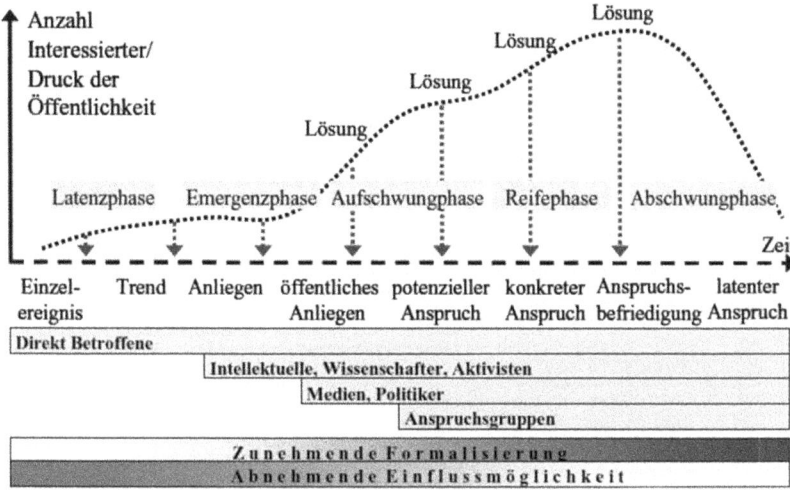

Abb. 2.6 Issue-Lebenszyklus. Quelle: Ingenhoff und Röttger 2006

Die Issues werden dabei anhand von bestimmten Kriterien, wie z. B. nach der Bedrohung der Unternehmensziele, ausgewählt.

Emergenzphase: Kennzeichen dieser Phase ist es, dass das Problem erkannt und definiert wird. Es findet somit eine Konkretisierung des Problems statt. Hier treten die ersten Experten auf, die Ursachen und Natur des Problems diskutieren und erste Lösungsalternativen aufstellen. Dieses findet unter dem Aspekt der Implementierung und gezielter kommunikativen Strategien statt.

Die Organisation muss sich der wichtigen Instrumente der Medienarbeit und gesellschaftsbezogener Aktivitäten, wie Diskussionsforen, Lancieren von Presseartikel, Imageanzeigen etc. bedienen, um die öffentliche Meinung für sich zu gewinnen. Ziel ist es nicht, die Gegner zu diffamieren.

Aufschwungsphase: Die zunehmende Diskussion um das Issue findet mit der breiten Öffentlichkeit statt. Durch die Berichterstattung der Medien wird das Issue nun in die Öffentlichkeit getragen und erhöht demzufolge den Problemlösungsdruck des Unternehmens. Die Anspruchsgruppen schalten sich ein und verlangen erste Lösungsvorschläge, wie politische Strategien oder Gesetzeserlassungen. Es bestehen somit potenzielle Ansprüche seitens der immer aktiveren Anspruchsgruppen. Die Organisationsinteressen können nur noch teilweise durchgesetzt werden, da eine immer größere Kompromissbereitschaft gefragt ist.

Reifephase: In dieser Phase werden Experten mit der Lösung des Problems beauftragt. Die Ansprüche konkretisieren sich immer mehr. Sobald sich jedoch offizielle Organe mit dem Issue in rechtförmiger Weise einschalten, bleiben dem Unternehmen nur noch folgende Optionen in Form von

- *politischen Verhandlungen*, in denen graduelle Zugeständnisse oder Reaktionen des Unternehmens bewirkt bzw. angedroht werden und
- *Lobbying* (Einwirkung auf Amtsträger oder Abgeordnete z. B. durch Bestechung oder Vorteilsversprechen).

Abschwungsphase: Die Lösung wird akut (aufgrund politischer Entscheidungen) umgesetzt und entsprechende Maßnahmen werden veranlasst, damit die gestellten Ansprüche weitestgehend befriedigt werden können. Es findet eine Anpassung des Unternehmens statt. Folglich sinkt auch wieder der Druck der Öffentlichkeit.

Um die Issues frühzeitig lenken und steuern zu können, bedarf es eines Issues Managements. Ingenhoff und Röttger (2006) definieren dieses wie folgt:

„Systematischer Kommunikationsprozess, der interne und externe Sachverhalte, die eine Begrenzung strategischer Handlungsspielräume erwarten lassen oder ein Reputationsrisiko darstellen, frühzeitig lokalisiert, analysiert, priorisiert und aktiv durch Maßnahmen zu beeinflussen versucht."

Der Issues-Management-Prozess (vgl. Ingenhoff und Röttger 2006, siehe Abb. 2.7) umfasst drei verschiedene Bereiche. Der erste Bereich (Variation) identifiziert

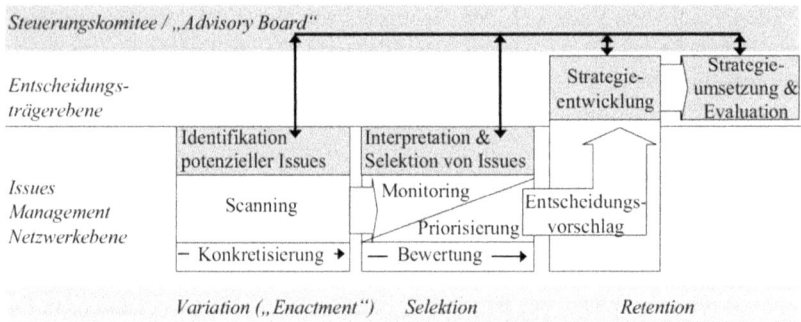

Abb. 2.7 Issue Management Prozess. Quelle: Ingenhoff und Röttger 2006

potenzielle Issues. Diese werden in einem nächsten Schritt (Selektion) interpretiert und selektiert, so dass die Issues bewertet und priorisiert werden. Die für ein oder mehrere Issues getätigte Entscheidung führt zu einer Strategieentwicklung, welchem Issue man sich wie widmen möchte (Retention).

2.2.7 Thema VII: Issue Management und Krisenkommunikation

In diesem thematischen Abschnitt geht es um das Zusammenspiel zwischen Issue Management und Krisenkommunikation (Abb. 2.8). Einschnitt und Beschreibungsmerkmal ist die Krise. Vor dem Kriseneintritt stehen als Präventionsmaßnahmen dem Unternehmen das Issue Management und das Risikomanagement zur Verfügung. Beim Issue Management geht es um das Entdecken potenzieller Problemfelder für das Unternehmen, um diese beim Risikomanagement zu bewerten. Dem Risikomanagement kommen auf der einen Seite das Vermeiden einer möglichen Krise als Aufgabe zu und auf der anderen Seite sollen Vorkehrungen getroffen werden, um im Krisenfall schnell zu reagieren. Das Krisenmanagement versucht, die eingetroffene Krise schnell zu bewältigen und zu lösen. Gleichzeitig findet das

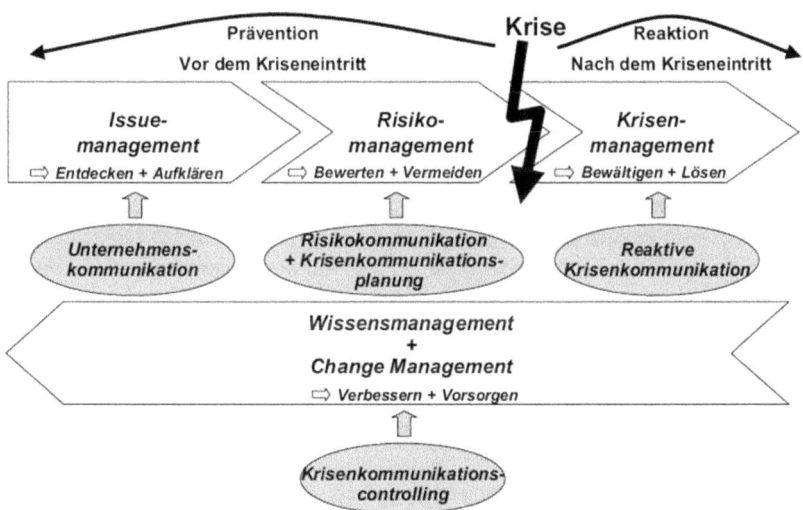

Abb. 2.8 Kommunikation im Krisenprozess. Quelle: Töpfer 2006

Krisenkommunikationscontrolling statt, welches die eigenen Maßnahmen beobachtet, speichert und bewertet (Wissensmanagement), um sie bei der nächsten Krise besser einsetzen zu können (Change Management).

2.2.8 Thema VIII: CSR

Das Unternehmen jpl 3 verschreibt sich bewusst dem Thema Corporate Social Responsibility. Dahlsrud (2008) kommt in seiner Untersuchung unterschiedlicher Definitionen von CSR zu dem Ergebnis, dass alle untersuchten Definitionen inhaltlich deckungsgleich sind und fünf Dimensionen umfassen: Stakeholderperspektive, sozial, ökonomisch, freiwillig und der Aspekt der Umwelt.

Diese fünf Dimensionen kommen in der vielzitierten Definition von Carroll und Shabana (2010) zum Ausdruck:

> „The social responsibility of business encompasses economic, legal, ethical, and philantrophic expectations that society has of organizations at a given point in time."

Die Gründe, warum Unternehmen CSR betreiben, sind vielfältig:

Neben der persönlichen Motivation des Unternehmers sind es vor allem folgende ökonomische Gründe:

- Kosten- und Risikoreduktion (Carroll und Shabana 2010): So können z. B. durch modernisierte Anlagen Strom und Wasser gespart werden.
- Steigerung der Arbeitgeberattraktivität (Schlegelmilch und Pollach 2005; Sen et al. 2006): Ein zunehmender Prozentsatz an Arbeitnehmern suchen sich ihren künftigen Arbeitgeber auch danach aus, ob und in welchem Ausmaß dieser CSR betreibt.
- Verbesserte Reputation (Carroll und Shabana 2010): Durch das CSR-Engagement eines Unternehmens kann die Reputation des Unternehmens gesteigert werden.
- Wettbewerbsvorteile durch CSR (Wang und Anderson 2011; Ingenhoff und Sommer 2011): Unternehmen, die CSR betreiben, können sich in den Augen der Konsumenten, denen dieser Aspekt wichtig ist, einen Wettbewerbsvorteil erschließen gegenüber Unternehmen, die keinerlei CSR-Engagement aufweisen.

Unternehmen, die CSR betreiben, stehen jedoch vor kommunikativen Herausforderungen. Erste Studien zeigen die Problematik der mangelnden Bekanntheit von CSR-Engagements (Dawkins 2005, Ingenhoff und Sommer 2011). Doch auch, wenn die Konsumenten auf das Engagement aufmerksam geworden sind, bestehen

2.2 Lehrplan

weitere Probleme. So reagieren die Stakeholder skeptisch auf das Engagement der Unternehmen (Du et al. 2010) nach dem Motto: Wer seine guten Absichten betont, dem glaubt man nicht.

Der heterogene Informationsbedarf der Stakeholder und die zunehmende gesellschaftliche Macht stellen die Unternehmen vor die Herausforderung, diesen adäquat zu begegnen und die Stakeholder im Rahmen eines Nachhaltigkeitskommunikations-Managements zu informieren. Dies erfordert einen kontinuierlichen Dialog, Partizipationsmöglichkeiten und effektive Kommunikationskonzepte. Im Mittelpunkt der Identifikation und Aushandlung der Ansprüche steht die Kommunikation mit den Stakeholdern.

2.2.9 Lehrpläne

Aus den vorgestellten Themengebieten lassen sich verschiedene Themen miteinander verbinden, so dass sich verschiedene Seminarplanungen je nach Zeitdauer und Schwerpunktgestaltung des Dozenten ergeben. In Tab. 2.2 und Tab. 2.3

Tab. 2.2 Seminarplan über acht Stunden

Themennummer	Dauer in Minuten	
	30	Organisatorisches/allgemeine Vorstellung
I	30	Shitstorm – Definition und Systematisierungsversuche
IV	30	Krisenkommunikation
V	60	Antwortstrategien
VIII	30	CSR
	20	Vorstellung der Case Study I
	60	Case Study I inkl. Zeigen des Videos und der Social-Media-Auftritte des Unternehmens jpl 3
	60	Gruppenbildung mit dem Ziel, Antwortstrategien für das Unternehmen jpl 3 zu entwickeln
	120	Vorstellung und Diskussion über mögliche Antwortstrategien
	440 (40 Minuten Puffer)	

Tab. 2.3 Seminarplan über mehr als 1000 Minuten

	Minuten		
	90	Kick-off, Ablauf der Veranstaltung, Erwartungen der Teilnehmer abfragen und in den Seminarplan einarbeiten	
	90	Einführung in Case Studies (Was sind Case Studies? Welchen Nutzen haben sie?)	
I	90	Shitstorm – Definition und Systematisierungsversuche, Vorstellung verschiedener Shitstorms	
II, III	90	Social Media und Social-Media-Strategie	
IV	90	Krisenkommunikation	
V	90	Antwortstrategien	
VIII	90	CSR	
	90	Vorstellung der Case Study I; Case Study I inkl. Zeigen des Videos und der Social-Media-Auftritte des Unternehmens jpl 3	
	90	Bildung zweier Gruppen (Unternehmen und Konsumenten) mit dem Ziel, den Shitstorm von Konsumenten voranzutreiben und aus Unternehmenssicht, Antwortstrategien für das Unternehmen jpl 3 zu entwickeln.	
VI	90	Bildung zweier Gruppen (Unternehmen und Konsumenten) mit dem Ziel, den Shitstorm von Konsumenten voranzutreiben und aus Unternehmenssicht, Antwortstrategien für das Unternehmen jpl 3 zu entwickeln.	Issue Management / Prävention eines Shitstorms/ Issue Management und Krisenkommunikation
VII	90		
	90	Vorstellung und Diskussion über mögliche Antwortstrategien	
	90	Vorstellung der Case Study II, Abgleich mit den entwickelten Antwortstrategien	
	90	Diskussion über das mögliche Vorgehen von jpl 3 beim zweiten Shitstorm	
	90	Abschlussbesprechung	
	1260		

beispielsweise Lehrpläne für ein achtstündiges und ein mehrwöchiges Seminar mit einem Stundenumfang von ca. 1000.

Beim Unternehmen jpl 3 handelt es sich um ein rein fiktionales Unternehmen. Jedoch wurde zur didaktischen Durchführung der Seminare eine Homepage entwickelt, ebenso wie ein Facebook – und Twitter-Auftritt.

So ist es möglich, gemeinsam mit den Teilnehmern, einen Shitstorm selbst zu initiieren und ihn aus Unternehmenssicht zu steuern/bändigen. Zu erreichen sind sie unter folgenden Adressen:

▶ Homepage: http://jpl3.jimdo.com/
   Facebook: https://www.facebook.com/jpl3.shirtstories
   Twitter: https://twitter.com/jpl3shirts

Anhang: Arbeitsblätter 3

Thema I und V Betrachten Sie die in Tab. 3.1 aufgelisteten anderen Shitstorms.

Aufgabe: Erstellen Sie aufgrund der bisherigen Beispiele die Merkmale eines Shitstorms.

Lösung:

- explosionsartige Entstehung und Verbreitung
- große Partizipation
- geschieht in der Öffentlichkeit
- tritt in Social Media auf und/oder wird durch Social Media verstärkt
- enthält subjektive Kritik
- enthält beleidigende Äußerungen
- hat eine affektive Komponente
- verlangt eine kommunikative Antwort
- kann eine krisenhafte Wirkung haben

Aufgabe: Betrachten Sie die jeweiligen Antworten der Unternehmen und erläutern Sie deren Strategien.

Lösung: Deutsche Bahn: Leugnen, Sündenbock
    SinnLeffers: Entschuldigen
    Vapiano: Angepasstes Informieren

Tab. 3.1 Shitstorms bei anderen Unternehmen

Nr.	Unternehmen (Monat/Jahr)	Inhalt/Auslöser des Shitstorms
1	Deutsche Bahn (Juli 2015)	Eine Kundin wollte eine erschöpfte Mitfahrerin ohne gültiges Ticket in ihr MVV-Abo einschließen. Der Kontrolleur akzeptierte dies nicht. Die Kundin schrieb dieses auf der Facebook-Seite des Unternehmens.
2	SinnLeffers (Juni 2015)	SinnLeffers verkauft Pullover der Boom Bap mit dem Aufdruck „Twinkle, Twinkle little whore, close your legs they´re not a door".
3	Vapiano (Februar 2014)	Ein Gast findet eine Raupe in seinem Gericht und postet ein Video bei Facebook.

Themen II und III

Aufgabe: Erstellen Sie eine Liste mit Ihnen bekannten Anwendungen/Homepages im Internet. Versuchen Sie, diese zu ordnen, indem Sie die jeweiligen Ziele, mit denen Personen diese nutzen, identifizieren.

Lösung: Social Media-Dreieck nach Schmidt (2011)

Aufgabe: Recherchieren Sie nach Social Media-Guidelines für Unternehmen im Internet. Schauen Sie sich diese an und vergleichen diese mit der Social Media-Strategie, die sie bereits durchgenommen haben. Sind diese Guidelines ausreichend oder fehlen Ihrer Meinung nach Aspekte?

Lösung: Social Media Guidelines sind oftmals sehr oberflächlich und geben keinerlei Hinweise für den Gebrauch von Social Media bei Krisen.

Themen IV, VI und VII

Aufgabe: Welche Variablen beeinflussen Ihrer Meinung nach das Verhalten von Unternehmen bei einem Krisenfall?

Lösung: Siah Ann Mei et al. (2010) unterscheiden in ihrer „new media crisis communication" zwischen prädisponierten und Situationsvariablen. Die Prädispositionsvariablen beeinflussen das Verhalten des Unternehmens beim Issue Management. Dazu zählen folgende Variablen:

- Größe der Organisation
- Unternehmenskultur
- Darstellung des Unternehmens nach außen
- Zugang und Verhältnis zu den Stakeholdern
- Charakteristika der handelnden Akteure, wie z. B. der CEO
- Schaffen eines Bewusstseins, dass die Unternehmenskommunikation wichtig ist

Die Situationsvariablen hingegen beeinflussen die Reaktion auf die Krise. Zu diesen Variablen zählen:

- Dringlichkeit der Situation
- Charakteristika der involvierten Stakeholder
- Potenzielle Gefahren für das Unternehmen
- Potenzielle Kosten und Nutzen für das Unternehmen

Das Zusammenspiel dieser Variablen und das Verhalten von Unternehmen beim Issue Management und der Krisenkommunikation zeigt sich im prozesshaften new media crisis communication model (Siah Ann Mei 2010).

Literaturverzeichnis

Argenti P A, Druckenmiller B (2004) Reputation and the corporate brand. In: Corporate reputation review, 6 (4): 368–374

Carroll A B, Shabana K M (2010) The business case for corporate social responsibility: a review of concepts, research and practice. In: International Journal of Management Reviews, 12 (1) 85–105

Coombs T, Holladay S (2014) How publics react to crisis communication efforts. Journal of Communication Management, 18(1): 40–57

Coombs T, Holladay S (2015) CSR as crisis risk: expanding how we conceptualize the relationship, Corporate Communications: An International Journal, 20(2): S 144–162

Coombs W T (2010) Parameters for crisis communication. In: Coombs W T, Holladay S J (Hrsg) The Handbook of Crisis Communication, S 17–53

Coombs, W T (1998) An analytic framework for crisis situations: Better responses from a better understanding of the situation. Journal of Public Relations Research, 10(3): 177–191

Coombs, W T (2004) Impact of past crises on current crisis communication insights from Situational Crisis Communication Theory. Journal of business Communication, 41(3): 265–289

Coombs, W T (2006) The protective powers of crisis response strategies: Managing reputational assets during a crisis. Journal of Promotion Management, 12(3-4): 241–260

Coombs, W T (2007) Crisis management and communications. Institute for public relations, 4(5): 6

Coombs, W T (2007) Protecting Organization Reputations During a Crisis: The Development and Application of Situational Crisis Communication Theory. Corporate Reputation Review, 10(3): 163–176

Coombs, W T (2014) Ongoing crisis communication: Planning, managing, and responding. Thousand Oaks: Sage Publications

Coombs, W T (2014) State of Crisis Communication: Evidence and the Bleeding Edge. Research Journal of the Institute for Public Relations, 1(1)

Coombs W T, Holladay J (Hrsg) (2010) The Handbook of Crisis Communication. Hoboken: Wiley-Blackwell

Coombs W T, Holladay J (1996) Communication and attributions in a crisis: An experimental study in crisis communication. Journal of Public Relations Research, 8(4): 279–295

Dahlsrud A (2008) How corporate social responsibility is defined: an analysis of 37 definitions. Corporate social responsibility and environmental management, 15(1): 1

Dawkins J (2005) Corporate responsibility: The communication challenge. Journal of Communication Management, 9(2): 108–119

Dawson R (2009) Social Media Strategy Framework in German – Social Media strategische Rahmenrichtlinien – Trends in the Living Networks. http://rossdawsonblog.com/weblog/archives/2009/09/social_media_st_1.html (Zugegriffen: 08.11.2016)

Du S, Bhattacharya C B, Sen S (2010) Maximizing business returns to corporate social responsibility (CSR): The role of CSR communication. International Journal of Management Reviews, 12(1): 8–19

Himmelreich, S/Einwiller, S (2015) Wenn der „Shitstorm" überschwappt – Eine Analyse digitaler Spillover in der deutschen Print- und Onlineberichterstattung. In: Hoffjann, O, Pleil, T (Hrsg) Strategische Onlinekommunikation. Wiesbaden, S 183–205

Ingenhoff D, Röttger U (2006) Issues Management. In: Schmid, B, Lyczek, B (Hrsg) Unternehmenskommunikation, S 319–350. Wiesbaden: Gabler

Ingenhoff D, Sommer K (2011) Corporate social responsibility communication. Journal of Corporate Citizenship, 2011(42): 73–91

Kaiser F-J (1983) Grundlagen der Fallstudiendidaktik-Historische Entwicklung-Theoretische Grundlagen-Unterrichtliche Praxis. In: Die Fallstudie-Theorie und Praxis der Fallstudiendidaktik. Bad Heilbrunn, S 9–34

Kaplan A M, Haenlein M (2010) Users of the world, unite! The challenges and opportunities of Social Media. Business Horizons, 53(1): 59–68

Lobo S (2010) How to survive a shitstorm. http://saschalobo.com/2010/04/22/how-to-survive-a-shitstorm/ (Zugegriffen: 08.11.2016)

o. V. (2015) Medienwissenschaftler Pörksen kontert Nuhr-Kritik: "Wir müssen lernen, den Shitstorm zu lesen" http://meedia.de/2015/07/21/medienwissenschaftler-poerksen-kontert-nuhr-kritik-wir-muessen-lernen-den-shitstorm-zu-lesen/ (Zugegriffen: 08.11.2016)

Pfeffer J, Zorbach T, Carley K M (2014) Understanding online firestorms: Negative word-of-mouth dynamics in social media networks. Journal of Marketing Communications, 20(1-2): 117–128

Schaefer M (2010) An easy way to explain the social web. Really! – Schaefer Marketing Solutions: We Help Businesses {grow}. http://www.businessesgrow.com/2010/03/16/an-easy-way-to-explain-the-social-web-really/ (Zugegriffen: 08.11.2016)

Schlegelmilchsn B B, Pollach I (2005) The perils and opportunities of communicating corporate ethics. Journal of Marketing Management, 21(3-4): 267–290

Schmidt, J H (2011) Das neue Netz: Merkmale, Praktiken und Folgen des Web 2.0 [The new web: Characteristics, practices and consequences of the Web 2.0]

Sen S, Bhattacharya C B, Korschun D (2006) The role of corporate social responsibility in strengthening multiple stakeholder relationships: A field experiment. Journal of the Academy of Marketing science, 34(2): 158–166

Thießen A (2011) Organisationskommunikation in Krisen. Reputationsmanagement durch situative, integrierte und strategische Krisenkommunikation. Univ., Diss.-Fribourg, 1. Aufl. Wiesbaden

Töpfer A (2006) Krisenkommunikation. In: Schmid B, Lyczek B (Hrsg) Unternehmenskommunikation, S 351–398. Wiesbaden: Gabler

Wang A, Anderson R B (2011) A multi-staged model of consumer responses to CSR communications. Journal of Corporate Citizenship, 2011(41): 50–68

Weiterführende Literatur

Bekmeier-Feuerhahn S, Bögel P M (2015) CSR-Kommunikation: Gute Aussichten im Dialog?. In: Erkenntnis und Fortschritt: Beiträge aus Personalforschung und Managementpraxis. Festschrift für Albert Martin, S 86

Bryce K.R. (2014) The Role of Social Media in Crisis Management at Carnival Cruise Line. In: Journal of Business Case Studies (Online), 10(3): 231–238

Carroll C E (2015) The Handbook of Communication and Corporate Reputation. Hoboken: Wiley-Blackwell

Chan Y Y, Ngai E (2011) Conceptualising electronic word of mouth activity. In: Marketing Intelligence & Planning, 29(5): 488–516

Cheng S S (2013) Crisis Communication Failure: A Case Study of Typhoon Morakot. In: Asian Social Science, 9(3

Colleoni E (2013) CSR communication strategies for organizational legitimacy in social media. In: Corporate Communications: An International Journal, 18(2): 228–248

Conway T, Ward M, Lewis G, Bernhardt A (2007) Internet Crisis Potential: The Importance of a Strategic Approach to Marketing Communications. Journal of Marketing Communications, 13(3): 213–228

Einwiller S A, Steilen S (2015) Handling complaints on social network sites – An analysis of complaints and complaint responses on Facebook and Twitter pages of large US companies. Public Relations Review, 41(2): 195–204

Esch F-R, Tomczak T, Kernstock J, Langner T, Redler J (Hrsg) (2014) Corporate Brand Management. Wiesbaden

Gaßner, V (2014) CSR-Kommunikation: Chancen und Risiken eines offenen Dialogs mit Kunden und Kritikern im Social Web. In: Wagner R, Lahme G, Breitbarth T (Hrsg) CSR und Social Media. Berlin, Heidelberg, S 203–215

Geyer S, Krumay B (2015) Development of a Social Media Maturity Model — A Grounded Theory Approach. In: System Sciences (HICSS): 1859–1868

Goodman M B, Byrd S (2012) Hi fans! Tell us your story!. In: Corporate Communications: An International Journal, 17(3): 241–254

Hegner S M, Beldad A D, Kamphuis op Heghuis Sjarlot (2014) How company responses and trusting relationships protect brand equity in times of crises. Journal of Brand Management, 21(5): 429–445

Heinrich P (Hrsg) (2013) CSR und Kommunikation. Berlin, Heidelberg

Hennig-Thurau T, Gwinner K P, Walsh G, Gremler D D (2004) Electronic word-of-mouth via consumer-opinion platforms: What motivates consumers to articulate themselves on the Internet?. Journal of Interactive Marketing, 18(1): 38–52

Herrero A G, Pratt C B (1996) An integrated symmetrical model for crisis-communications management. Journal of Public Relations Research, 8(2): 79–105

Hoffjann O, Pleil T (Hrsg) (2015) Strategische Onlinekommunikation. Wiesbaden

Holladay S J (2009) Crisis Communication Strategies in the Media Coverage of Chemical Accidents. Journal of Public Relations Research, 21(2): 208–217

Holladay S J, Coombs W T (2013) Successful prevention may not be enough: A case study of how managing a threat triggers a threat. Public Relations Review, 39(5): 451–458

Huang Y-H (2008) Trust and Relational Commitment in Corporate Crises: The Effects of Crisis Communicative Strategy and Form of Crisis Response. Journal of Public Relations Research, 20(3): 297–327

Husain K, Abdullah A N, Ishak M, Kamarudin M F, Robani A, Mohin M, Hassan Syed Najmuddin Syed (2014) A Preliminary Study on Effects of Social Media in Crisis Communication from Public Relations Practitioners' Views. Procedia – Social and Behavioral Sciences, 155: 223–227

Ihlen Ø (2002) Defending the Mercedes A-class: Combining and changing crisis-response strategies. Journal of Public Relations Research, 14(3): 185–206

Kernstock J, Wenger-Schubiger N (2014) Public Relations im Dienste der Corporate Brand gestalten. In: Esch F-R, Tomczak T, Kernstock J, Langner T, Redler J (Hrsg) Corporate Brand Management. Wiesbaden, S 329–343

Kietzmann J, Canhoto A (2013) Bittersweet! Understanding and Managing Electronic Word of Mouth. Journal of Public Affairs, 13(2): 146–159

Liu B F, Austin L, Jin, Y (2011) How publics respond to crisis communication strategies: The interplay of information form and source. Public Relations Review, 37(4): 345–353

Liu B F, Jin, Y, Briones R, Kuch B (2012) Managing Turbulence in the Blogosphere: Evaluating the Blog-Mediated Crisis Communication Model with the American Red Cross. Journal of Public Relations Research, 24(4): 353–370

Lux W (2013) CSR-Kommunikation im Handel. In: Heinrich P (Hrsg) CSR und Kommunikation. Berlin, Heidelberg, S 133–145

Ly-Le T-M (2015) Danlait´s 2013 Social Media Crisis in Vietnam: A Case Study to Explore Online Crisis Scanning Criteria

Lyon L, Camero, G T (2004) A Relational Approach Examining the Interplay of Prior Reputation and Immediate Response to a Crisis. Journal of Public Relations Research

Manso M, Manso B (2012) The Role of Social Media in Crisis. Tekever Lisbon (Portugal)

Mavridis T (2011) Social Media Relations. Die neue Dimension der Nachhaltigkeitskommunikation. uwf UmweltWirtschaftsForum, 19(3-4): 245–248

McCorkindale T, Distaso M W, Carroll C E (2013) The Power of Social Media and Its Influence on Corporate Reputation. In: The Handbook of Communication and Corporate Reputation, S 497–512

Mehdizadeh S (2010) Self-Presentation 2.0: Narcissism and Self-Esteem on Facebook. In: Cyberpsychology, Behavior, and Social Networking, 13(4): 357–364

Merten K (2009) Zur Theorie des Gerüchts. Publizistik, 54(1): 15–42

Nauroth P, Gollwitzer M, Bender J, Rothmund T (2015) Social identity threat motivates science-discrediting online comments. PloS one, 1o(2): e0117476

Ott L, Theunissen P (2015) Reputations at risk: Engagement during social media crises. Public Relations Review, 41(1): 97–102

Padgett D R G, Cheng S S, Parekh V (2013) The Quest for Transparency and Accountability: Communicating Responsibly to Stakeholders in Crises. Asian Social Science 9(9)

Pang A, Begam Binte Abul Hassan, Nasrath, Chee Yang Chong, Aaron (2014) Negotiating crisis in the social media environment. Corporate Communications: An International Journal, 19(1): 96–118

Röhner J, Schütz A (2012) Klassische Kommunikationstheorien und -modelle. In: Röhne, J, Schütz A (Hrsg) Psychologie der Kommunikation, Wiesbaden, S 15–33

Röhner J, Schütz A (Hrsg) (2012) Psychologie der Kommunikation. Wiesbaden

Romenti S, Murtarelli G, Valentini C (2014) Organisations' conversations in social media: applying dialogue strategies in times of crises. Corporate Communications: An International Journal, 19(1): 10–33

Schmid B, Lyczek B (Hrsg) (2006) Unternehmenskommunikation. Wiesbaden: Gabler

Schultz F, Utz S, Göritz A (2011) Is the medium the message? Perceptions of and reactions to crisis communication via twitter, blogs and traditional media. Public Relations Review, 37(1): 20–27

Schwarz A, Pforr F (2011) The crisis communication preparedness of nonprofit organizations: The case of German interest groups. Public Relations Review, 37(1): 68–70

Siah Ann Mei J, Bansal N, Pang A (2010) New media: a new medium in escalating crises?. Corporate Communications: An International Journal, 15(2): 143–155

Sisco H F (2012) Nonprofit in Crisis: An Examination of the Applicability of Situational Crisis Communication Theory. Journal of Public Relations Research, 24(1): 1–17

Sohn Y J, Lariscy, R (2012) Resource-Based Crisis Management: The Important Role of the CEO's Reputation. Journal of Public Relations Research, 24(4): 318–337

Sohn Y J, Lariscy R W (2014) Understanding reputational crisis: Definition, properties, and consequences. Journal of Public Relations Research, 26(1): 23–43

Steinke L (2014) Bedienungsanleitung für den Shitstorm. Wie gute Kommunikation die Wut der Masse bricht. Wiesbaden

Stephens K K, Malone P C (2009) If the Organizations Won't Give Us Information…: The Use of Multiple New Media for Crisis Technical Translation and Dialogue. Journal of Public Relations Research, 21(2): 229–239

Stich L, Golla G, Nanopoulos A (2014) Modelling the spread of negative word-of-mouth in online social networks. Journal of Decision Systems, 23(2): 203–221

Stoffels H, Bernskötter P (2012) Die Goliath-Falle. Die neuen Spielregeln für die Krisenkommunikation im Social Web, Wiesbaden

Thießen A (Hrsg) (2014) Handbuch Krisenmanagement. 2. Aufl. Wiesbaden

Utz S, Schultz F, Glocka S (2013) Crisis communication online: How medium, crisis type and emotions affected public reactions in the Fukushima Daiichi nuclear disaster. Public Relations Review, 39(1): 40–46

van der Meer TGLA, Verhoeven P (2013) Public framing organizational crisis situations: Social media versus news media. Public Relations Review, 39(3): 229–231

Veil S R, Buehner T, Palenchar M J (2011) A Work-In-Process Literature Review: Incorporating Social Media in Risk and Crisis Communication. Journal of Contingencies and Crisis Management, 19(2): 110–122

Wagner R, Lahme G, Breitbarth T (Hrsg) (2014) CSR und Social Media. Berlin, Heidelberg

Wetzer I M, Zeelenberg M, Pieters R (2007) "Never eat in that restaurant, I did!": Exploring why people engage in negative word-of-mouth communication. Psychology and Marketing, 24(8): 661–680

GPSR Compliance
The European Union's (EU) General Product Safety Regulation (GPSR) is a set of rules that requires consumer products to be safe and our obligations to ensure this.

If you have any concerns about our products, you can contact us on

ProductSafety@springernature.com

In case Publisher is established outside the EU, the EU authorized representative is:

Springer Nature Customer Service Center GmbH
Europaplatz 3
69115 Heidelberg, Germany